BEI GRIN MACHT SICH IHR WISSEN BEZAHLT

AF131200

- Wir veröffentlichen Ihre Hausarbeit, Bachelor- und Masterarbeit

- Ihr eigenes eBook und Buch - weltweit in allen wichtigen Shops

- Verdienen Sie an jedem Verkauf

Jetzt bei www.GRIN.com hochladen und kostenlos publizieren

Bibliografische Information der Deutschen Nationalbibliothek:

Die Deutsche Bibliothek verzeichnet diese Publikation in der Deutschen National-
bibliografie; detaillierte bibliografische Daten sind im Internet über http://dnb.d-
nb.de/ abrufbar.

Impressum:

Copyright © 2010 GRIN Verlag, Open Publishing GmbH
Druck und Bindung: Books on Demand GmbH, Norderstedt Germany
ISBN: 9783668453722

Dieses Buch bei GRIN:

http://www.grin.com/de/e-book/365288/recht-der-personengesellschaften-fallloe-
sungen-zur-fachanwaltsausbildung

Andreas-Michael Blum

Recht der Personengesellschaften. Falllösungen zur Fachanwaltsausbildung Handels- und Gesellschaftsrecht

GRIN Verlag

GRIN - Your knowledge has value

Der GRIN Verlag publiziert seit 1998 wissenschaftliche Arbeiten von Studenten, Hochschullehrern und anderen Akademikern als eBook und gedrucktes Buch. Die Verlagswebsite www.grin.com ist die ideale Plattform zur Veröffentlichung von Hausarbeiten, Abschlussarbeiten, wissenschaftlichen Aufsätzen, Dissertationen und Fachbüchern.

Besuchen Sie uns im Internet:

http://www.grin.com/

http://www.facebook.com/grincom

http://www.twitter.com/grin_com

Dr. Andreas-Michael Blum, LL.M.

Ausarbeitungen zum Recht der Personengesellschaften

Einsendearbeit zur Lernkontrollaufgabe
Kurseinheit 2: Recht der Personengesellschaften

Fachanwaltsausbildung Handels- und Gesellschaftsrecht
Forschungsinstitut für rechtliches Informationsmanagement GmbH
An-Institut der FernUniversität in Hagen

Februar 2010

Lösung zu Frage 1 a):

Die B-Bank könnte gegen A einen Anspruch auf Rückzahlung des Darlehens in Höhe von EUR 150.000,00 gem. § 488 Abs. 1 S. 2 BGB i.V.m. §§ 171 Abs. 1 Hs. 1, 172 Abs. 4 S. 1 HGB haben.

1. Die Haftung gegenüber der B-Bank nach §§ 171 Abs. 1 Hs. 1, 172 Abs. 4 S. 1 HGB setzt zunächst voraus, dass A Kommanditist einer Kommanditgesellschaft ist. A ist laut Sachverhalt Kommanditist der XY-GmbH & Co. KG und hat seine Einlage in Höhe von EUR 100.000,00 voll erbracht. Damit hat A seine Haftung gegenüber den Gesellschaftsgläubigern auf den Betrag einer bestimmten Vermögenseinlage beschränkt (§ 161 Abs. 1 HGB). Mangels gegenteiliger Sachverhaltsangaben ist davon auszugehen, dass die XY-GmbH & Co. KG, deren einzige Komplementärin die XY-GmbH ist, ein Handelsgewerbe unter gemeinschaftlicher Firma gem. § 161 Abs. 1 HGB betreibt.

Nach §§ 171 Abs. 1 Hs. 1, 172 Abs. 4 S. 1 HGB muss der Kommanditist einer KG - im Umkehrschluss zu § 176 HGB, der die Haftung des Kommanditisten vor Eintragung regelt - zum Zeitpunkt seiner Haftung in das Handelsregister eingetragen sein. Da das Ausscheiden des A am 17.11.2003 in das Handelsregister eingetragen wird, kann davon ausgegangen werden, dass A zum Zeitpunkt seiner Haftung im Handelsregister eingetragen war.

Weiterhin ist Voraussetzung für die Haftung des A nach § 171 Abs. 1 Hs. 1 HGB das Bestehen einer Gesellschaftsverbindlichkeit gem. § 128 S. 1 HGB. Die B-Bank hat der XY-GmbH & Co. KG unter dem 16.10.2003 ein Darlehen in Höhe von EUR 150.000,00 gewährt, so dass eine Verbindlichkeit der Gesellschaft (§ 128 S. 1 HGB) besteht.

2. Nach dem Wortlaut des § 171 Abs. 1 Hs. 1 HGB ist Rechtsfolge der Haftung, dass der Kommanditist den Gläubigern der Gesellschaft bis zur Höhe seiner Einlage unmittelbar haftet.

Als „Einlage" i.S.d. § 171 Abs. 1 Hs. 1 HGB gilt der in das Handelsregister eingetragene Betrag der Einlage (§§ 172 Abs. 1, 162 Abs. 1 S. 1 HGB), die so genannte Hafteinlage (Haftsumme). Die Hafteinlage ist der Betrag, in dessen Höhe der Kommanditist den Gläubigern der KG im Außenverhältnis für die Verbindlichkeiten der Gesellschaft unmittelbar haftet[1]. A hat seine Einlage als Kommanditist der XY-GmbH & Co. KG in Höhe von EUR 100.000,00 voll erbracht. Mangels gegenteiliger Sachverhaltsangaben ist davon auszugehen, dass die Hafteinlage des A in das Handelsregister eingetragen wurde gem. §§ 171 Abs. 1 Hs. 1, 172 Abs. 1, 162 Abs. 1 S. 1 HGB.

Zwischenergebnis: A haftet der B-Bank unmittelbar begrenzt in Höhe seiner Hafteinlage von EUR 100.000,00 auf Rückzahlung des an die XY-GmbH & Co. KG gewährten Darlehens gem. § 488 Abs. 1 S. 2 BGB i.V.m. §§ 171 Abs. 1 Hs. 1, 172 Abs. 4 S. 1 HGB.

3. Die Haftung des A könnte nach § 171 Abs. 1 Hs. 2 HGB ausgeschlossen sein, soweit der Kommanditist seine Einlage geleistet hat. Mit dem Begriff der „Einlage" in § 171 Abs. 1 Hs. 2 HGB ist die gesellschaftsvertraglich vereinbarte Leistung - die so genannte Pflichteinlage - des Kommanditisten an die KG im Innenverhältnis[2] gemeint. Ob und in welcher Höhe A gesellschaftsvertraglich seine Pflichteinlage an die XY-GmbH & Co. KG geleistet hat, ist dem Sachverhalt nicht zu entnehmen.

Dies kann im Ergebnis dahinstehen. Nach § 172 Abs. 4 S. 1 HGB lebt die Haftung des A als Kommanditist in Bezug auf seine bereits geleistete Einlage wieder auf, wenn ihm die Einlage zurückbezahlt worden ist. A hat infolge seines Ausscheidens aus der XY-GmbH & Co. KG eine Abfindung (§§ 161 Abs. 2, 105 Abs. 3 HGB i.V.m. § 738 Abs. 1 S. 2 BGB) von EUR 150.000,00 erhalten. Die Haftung des A lebte in Höhe seiner auf EUR 100.000,00 begrenzten Einlage gem. § 172 Abs. 4 S. 1 HGB wieder auf.

---

[1] Koller/Roth/Morck, HGB, 6. Aufl. 2007, §§ 171, 172, Rn 5.
[2] Koller/Roth/Morck, HGB, 6. Aufl. 2007, §§ 171, 172, Rn 4.

Zwischenergebnis: A haftet als ausgeschiedener Kommanditist der B-Bank unmittelbar auf Rückzahlung des an die XY-GmbH & Co. KG gewährten Darlehens in Höhe seiner Hafteinlage von EUR 100.000,00 gem. § 488 Abs. 1 S. 2 BGB i.V.m. §§ 171 Abs. 1 Hs. 1, 172 Abs. 4 S. 1 HGB.

4. Die Haftung des A könnte infolge seines Ausscheidens aus der XY-GmbH & Co. KG gem. § 160 Abs. 1 HGB erloschen sein.

Nach § 160 Abs. 1 S. 1 HGB besteht eine Nachhaftung des ausgeschiedenen Gesellschafters für alle vor Ablauf von fünf Jahren bis dahin begründeten Verbindlichkeiten der Gesellschaft. Nach § 160 Abs. 1 S. 2 HGB ist für den Fristbeginn auf das Ende des Tages des in das Handelsregister eingetragenen Ausscheidens des Gesellschafters abzustellen.

Die gegenüber der B-Bank bestehende Darlehensverbindlichkeit der XY-GmbH & Co. KG waren nicht erst bei Fälligstellung des Darlehens am 10.06.2008, sondern bereits zum Zeitpunkt der Gewährung des Darlehens am 16.10. 2003 und damit vor dem Ausscheiden des A aus der XY-GmbH & Co. KG begründet. Das Ausscheiden des A wurde am 17.11.2003 in das Handelsregister eingetragen, so dass die Frist des § 160 Abs. 1 S. 2 HGB am 18.11.2003 (§ 187 Abs. 1 Alt. 2 BGB) zu laufen begann und mit dem Ablauf des 17.11.2008 (§ 188 Abs. 2 BGB) endete. Der gegenüber der XY-GmbH & Co. KG bestehende Darlehensrückzahlungsanspruch der B-Bank war innerhalb der Fünf-Jahres-Frist des § 160 Abs. 1 S. 1 HGB begründet.

Weiterhin setzt eine Nachhaftung des A als Kommanditisten nach § 160 Abs. 1 S. 1 HGB voraus, dass der Anspruch gegen den ausgeschiedenen Gesellschafter in einer in § 197 Abs. 1 Nr. 3-5 BGB bezeichneten Art rechtskräftig oder vollstreckbar festgestellt ist. Die B-Bank hat den Darlehensrückzahlungsanspruch gegenüber dem A nicht nach § 197 Abs. 1 Nr. 3-5 BGB rechtskräftig oder vollstreckbar feststellen lassen, sondern dem A lediglich schriftlich am 17.11.2008 angekündigt, ihn auf

Rückzahlung des Darlehens in Anspruch nehmen zu wollen. Die Voraussetzungen einer Nachhaftung gem. § 160 Abs. 1 HGB sind daher nicht erfüllt.

Zwischenergebnis: Die Haftung des A ist nicht aufgrund der Nachhaftung (§ 160 Abs. 1 HGB) erloschen.

Ergebnis: Die B-Bank hat gegen A einen Anspruch auf Rückzahlung des an die XY-GmbH & Co. KG gewährten Darlehens in Höhe von EUR 100.000,00 gem. § 488 Abs. 1 S. 2 BGB i.V.m. §§ 171 Abs. 1 S. 1 Hs. 1, 172 Abs. 4 S. 1 HGB.

A ist daher am 03.11.2008 zu raten, dass er als ausgeschiedener Kommanditist gegenüber der B-Bank lediglich begrenzt in Höhe seiner Einlage von EUR 100.000,00 auf Rückzahlung des an die XY-GmbH & Co. KG gewährten Darlehens unmittelbar haftet.

Lösung zu Frage 1 b):
Soweit der ausgeschiedene A sich mit der B-Bank auf die Rückzahlung des gegenüber der XY-GmbH & Co. KG gewährten Darlehens in Höhe von EUR 100.000,00 verständigt und die B-Bank in dieser Höhe befriedigt, könnte A gleichsam wie ein Gesamtschuldner im Wege des gesetzlichen Forderungsübergangs nach § 426 Abs. 2 BGB Rückgriff gegen T nehmen, der sich für die Schuld der Gesellschaft verbürgt hat. Voraussetzung ist zunächst das Bestehen eines Gesamtschuldverhältnisses zwischen A und T. Ob unter Berücksichtigung der Interessen der Beteiligten die Vorschriften der Gesamtschuld gem. §§ 420 ff. BGB heranzuziehen sind, ist nach der Rechtsprechung[3] in jedem Einzelfall gesondert zu prüfen.

a) Gegen ein Gesamtschuldverhältnis von A und T spricht zunächst, dass A und T aus verschiedenen Rechtsgründen gegenüber der B-Bank als Gläubigerin unabhängig voneinander haften. A schuldet der B-Bank die Rückzahlung des Darlehens aufgrund seiner gesetzlich angeordneten, auf die Höhe seiner Hafteinlage begrenzten

---

[3] BGH, Urteil vom 22.03.1988 (X ZR 64/87) = BGHZ 104, 76 (78).

Außenhaftung als ausgeschiedener Kommanditist der XY-GmbH & Co. KG, der seine Einlage durch die Abfindungszahlung zurückerhalten hat (§§ 171 Abs. 1 Hs. 1, 172 Abs. 4 S. 1 HGB). T hingegen hat sich aufgrund eines Bürgschaftsvertrages mit der B-Bank rechtsgeschäftlich für die Darlehensverbindlichkeit der XY-GmbH & Co. KG verbürgt (§§ 765 Abs. 1, 767 Abs. 1 S. 1 BGB). Entgegen der subsidiären Haftung des Bürgen T, dem die Einrede der Vorausklage (§ 771 BGB) zusteht, kann A aufgrund seiner gesetzlich angeordneten Außenhaftung gegenüber der B-Bank nicht einwenden, diese möge zunächst Befriedigung bei der XY-GmbH & Co. KG als Hauptschuldnerin der Verbindlichkeit suchen. Denn den ausgeschiedenen Kommanditisten A trifft aufgrund der §§ 171 ff. HGB gerade eine unmittelbare und persönliche Haftung, die neben der Darlehensverbindlichkeit der XY-GmbH & Co. KG besteht.

Die Tatsache, dass A und T nicht aus einem einheitlichen Schuldgrund gegenüber der B-Bank als Gläubigerin der Hauptforderung haften, steht jedoch dem Wesen der Gesamtschuld nicht entgegen. Sowohl A als auch T haften zwar aus unterschiedlichen Rechtsgründen. Jedoch ist für beide Schuldner kennzeichnend, dass sie jeweils aufgrund ihrer Akzessorität zur Hauptschuld persönlich und unmittelbar haften.

Sowohl A haftet aufgrund der §§ 171 ff. HGB als ausgeschiedener Kommanditist persönlich und unabhängig als auch T, der aufgrund des Bürgschaftsvertrages eine eigene Leistungspflicht gem. § 765 Abs. 1 BGB übernimmt, die jeweils von der Entstehung, dem Umfang und der Durchsetzbarkeit der Hauptschuld der XY-GmbH & Co. KG abhängig sind. Insoweit bilden A und T - trotz unterschiedlicher Haftungsvoraussetzungen - eine Tilgungsgemeinschaft, die der Gesamtschuld ähnelt.

b) Die Bedeutung der Gesamtschuld erstreckt sich gerade darauf, dass der Gläubiger nach § 421 S. 1 BGB die Leistung nur einmal fordern darf, wenn sich der Anspruch gegen mehrere Schuldner richtet, so dass mit dem Bewirken der Leistung durch einen der Schuldner Erfüllungswirkung auch für die übrigen Schuldner gem. § 422 Abs. 1 S. 1 BGB eintritt.

Danach erscheint es gerechtfertigt, dem A als ausgeschiedenen Kommanditisten, der die B-Bank befriedigt, gleichsam wie ein Gesamtschuldner das Rückgriffsrecht aus § 426 Abs. 2 BGB zuzusprechen. Praktische Bedeutung hat der Rückgriffsanspruch für A nicht zuletzt deshalb, weil mit der Befriedigung des Gläubigers nicht nur ein Übergang der Forderung kraft Gesetzes (cessio legis) nach § 426 Abs. 2 BGB stattfindet. Mit dem gesetzlichen Forderungsübergang erwirbt A auch die damit verbundenen Neben- und Vorzugsrechte, insbesondere die für das Darlehen der XY-GmbH & Co. KG bestellte Bürgschaft des T (§§ 765 Abs. 1, 767 Abs. 1 S. 1 BGB), die mit der Befriedigung der B-Bank analog § 412 i.V.m. § 401 Abs. 1 BGB auf A als neuer Gläubiger übergeht. Soweit A das gegenüber der XY-GmbH & Co. KG gewährte Darlehen in Höhe von EUR 100.000,00 gegenüber der B-Bank tilgt, kann A im Wege des gesetzlichen Forderungsübergangs analog § 426 Abs. 2 BGB Rückgriff gegen T nehmen und von T Erstattung des Betrages aus der auf A übergegangenen Bürgschaft des T entsprechend § 412 BGB i.V.m. § 401 Abs. 1 BGB verlangen.

Ergebnis: Mit der Rückzahlung des gegenüber der XY-GmbH & Co. KG gewährten Darlehens in Höhe von EUR 100.000,00 an die B-Bank kann A in Höhe dieses Betrages Rückgriff auf T im Wege des gesetzlichen Forderungsübergangs nehmen und die Erstattung des Betrages aus der auf ihn übergegangenen Bürgschaft des T verlangen.

Lösung zu Frage 2:

Im vorliegenden Fall führt der Tod des einzigen Komplementärs A, der keine Erben hinterlässt, zwingend zur Auflösung (Liquidation)[4] der A-KG. Wie sich aus § 161 Abs. 1 HGB ergibt, besteht die A-KG ohne einen persönlich haftenden Gesellschafter (Komplementär) weder kraft Gesetzes noch als werbende KG[5] weiter. Die einzigen Kommanditisten B und C können jedoch aufgrund ihrer Treuepflicht als Gesellschafter gehalten sein, die Fortsetzung der A-KG i.L. einstimmig (§§ 161 Abs. 2, 119 Abs. 1 HGB) zu beschließen und eine GmbH zu gründen, die als künftige persönlich haftende

---

[4] Koller/Roth/Morck, HGB, 6. Aufl. 2007, § 131 Rn 8 und § 161 Rn 21.
[5] Koller/Roth/Morck, HGB, 6. Aufl. 2007, § 131 Rn 8.

Gesellschafterin (Komplementärin) in die A-KG i.L. durch Vertrag eintritt. In diesem Fall kann die A-KG i.L. als werbende KG fortgeführt werden.

Ergebnis: Den Kommanditisten B und C ist daher zu empfehlen, die Fortsetzung der A-KG einstimmig zu beschließen und eine GmbH zu gründen, die als künftige persönlich haftende Gesellschafterin in die A-KG eintritt.

Lösung zu Frage 3:

1. Die Aktionäre A, B, C, D, E, F und G der Sunshine AG wollen mit dem Abschluss einer Aktionärsvereinbarung eine BGB-Gesellschaft (§§ 705 ff. BGB) in Form einer Innengesellschaft gründen, mit der sich die Gesellschafter unter dem gemeinschaftlichen Zweck dazu verpflichten, für einen Zeitraum von zwei Jahren keine Verfügungen über ihre Aktien zu tätigen. G, der lediglich über 7% der Aktien und als Minderheitsaktionär nicht über die Kapitalmehrheit verfügt, muss die Aktionärsvereinbarung dann nicht unterschreiben, wenn die Auslegung (§§ 133, 157 BGB) der in § 10 enthaltenen Mehrheitsklausel in Verbindung mit der Aktionärsvereinbarung der Sunshine AG ergibt, dass Aktionär G seine Aktien nach Ablauf von zwei Jahren nicht verkaufen darf. Bei der in der Aktionärsvereinbarung vorgesehenen Verpflichtung der Aktionäre, keine Verfügungen über ihre Aktien für einen Zeitraum von zwei Jahren zu tätigen, wollen die Aktionäre der Sunshine AG sich dahingehend verpflichten, ihre Aktien für einen Zeitraum von zwei Jahren nicht zu veräußern. Damit will die Aktionärsvereinbarung entgegen der gesetzlich zulässigen Anteilsübertragung als dingliches Verfügungsgeschäft (§§ 413, 398 BGB) gerade verhindern, dass sich - gleich aus welchen Gründen - der Aktionärskreis der Sunshine AG für einen bestimmten Zeitraum ändert.

2. Ob das damit gesellschaftsvertraglich vereinbarte Verfügungsverbot über die Aktien der Sunshine AG von der Mehrheitsklausel des § 10 der Aktionärsvereinbarung erfasst wird, ist zweifelhaft. Zwar kann aufgrund der dispositiven Regelungen der §§ 712 BGB, 119 Abs. 1 HGB das darin enthaltene Einstimmigkeitserfordernis gesellschaftsvertraglich durch eine so genannte Mehrheitsklausel abbedungen werden,

so dass im vorliegenden Fall die Aktionärsvereinbarung nur mit einem Beschluss der Kapitalmehrheit der Vertragsparteien gem. § 10 abgeändert werden kann. Eine solche Mehrheitsklausel wird vom Grundsatz her als zulässig angesehen. Jedoch enthält die Klausel in § 10 der Aktionärsvereinbarung insbesondere keine spezielle Regelung zu der Frage, ob und inwieweit die Verfügung über die Aktien der Sunshine AG ihrerseits einen Mehrheitsbeschluss der Aktionäre A bis G erfordert.

3. Die regelmäßig mit der Verfügung von Geschäftsanteilen verbundene Übertragung der Mitgliedschaftsrechte bedarf als dingliches Verfügungsgeschäft (§§ 413, 398 BGB) grundsätzlich der Zustimmung sämtlicher Gesellschafter. Denn sie betrifft im vorliegenden Fall das Grundlagengeschäft der Sunshine AG, also das Gesellschaftsverhältnis und seine Ausgestaltung. Der Wortlaut der Mehrheitsklausel in § 10 der Aktionärsvereinbarung („Diese Vereinbarung kann (...) abgeändert werden.") stellt lediglich eine allgemeine Vertragsänderung dar.

Die Mehrheitsklausel enthält weder eine (antizipierte) Zustimmung aller Aktionäre noch eine speziell auf die Verfügung von Aktien bezogene Ermächtigung der Kapitalmehrheit der Aktionäre der Sunshine AG. Eine nur allgemein gehaltene Mehrheitsklausel wie in § 10 der Aktionärsvereinbarung deckt damit nur die Angelegenheiten der laufenden Geschäftsführung, nicht aber die in Rede stehende Verfügung von Aktien ab, welche die Grundlagen der Gesellschaft berührt. Da die Klausel in § 10 der Aktionärsvereinbarung gerade keinen qualifizierten Beschluss der Kapitalmehrheit der Aktionäre enthält, ob und inwieweit die Aktionäre der Sunshine AG über ihre eigenen Aktien verfügen dürfen, steht die Mehrheitsklausel einem Verkauf der Aktien durch G nicht entgegen. Aktionär G darf seine Aktien der Sunshine AG nach Ablauf von zwei Jahren verkaufen.

Ergebnis: Da die in § 10 enthaltene Mehrheitsklausel keine speziell auf die Verfügung von Aktien der Sunshine AG bezogene Ermächtigung der Aktionäre enthält, kann Minderheitsaktionär G im Hinblick auf den beabsichtigten Verkauf seiner Aktien nach Ablauf von zwei Jahren die Aktionärsvereinbarung unterschreiben.

Lösung zu Frage 4 a):

1. Die Kündigung des A als Kommanditist der NewMedia GmbH & Co. KG führt mangels abweichender vertraglicher Vereinbarungen zu seinem Ausscheiden aus der Gesellschaft (§§ 161 Abs. 2, 131 Abs. 3 Nr. 2 HGB). Während der Gesellschaftsanteil des A infolge seines Ausscheidens den verbleibenden Gesellschaftern im Verhältnis ihrer bisherigen Gesellschaftsanteile anwächst (§§ 161 Abs. 2, 105 Abs. 3 HGB, 738 Abs. 1 S. 1 BGB), steht dem A als ausgeschiedener Kommanditist gegen die NewMedia GmbH & Co. KG ein gesellschaftsvertraglicher Anspruch auf das Abfindungsguthaben gem. § 10 der Vertragsklausel zu. Die für die Höhe des vertraglichen Abfindungsguthabens maßgebende Auseinandersetzungsbilanz, die auf den Tag des Ausscheidens des A als Gesellschafter (Kommanditist) zu erstellen ist (§ 10 S. 1 der Klausel), berücksichtigt die Vermögenswerte der Gesellschaft mit ihren wahren Werten (Verkehrswerten) ohne Berücksichtigung eines etwaigen Geschäftswertes (Goodwill) der Gesellschaft (§ 10 S. 2, 3 der Klausel). Das Abfindungsguthaben ist nach § 10 S. 4 der Klausel „sofort zur Auszahlung fällig". Im vorliegenden Fall betragen die Vermögenswerte der NewMedia GmbH & Co. KG unter Ansatz ihres wahren Wertes (Verkehrswertes) ca. EUR 2 Mio., so dass sich die Höhe des vertraglichen Abfindungsguthabens des A entsprechend seines 25%igen Kapitalanteils an der Gesellschaft auf EUR 500.000,00 beläuft.

2. Da A als Kommanditist der NewMedia GmbH & Co. KG nach dem Sachverhalt nur dann aus der KG auszuscheiden gedenkt, sofern er eine „faire" Abfindung erhält, ist die vertragliche Abfindung dahingehend zu überprüfen, ob das errechnete Abfindungsguthaben gem. § 10 der Klausel in Höhe von EUR 500.000,00 angemessen ist, d.h. nicht in einem groben Missverhältnis zum gesetzlichen Abfindungsguthaben des § 738 Abs. 1 S. 2 BGB steht.

a) Nach § 738 Abs. 1 S. 2 BGB, der über §§ 161 Abs. 2, 105 Abs. 3 HGB auch auf den ausscheidenden Kommanditisten einer KG Anwendung findet, ist der gesetzliche Abfindungsanspruch des ausscheidenden Gesellschafters auf den wahren Wert (Verkehrswert) des Gesellschaftsanteils gerichtet.

Er umfasst den Geldanspruch auf die Einlagenerstattung (§ 733 BGB) und insbesondere den Anteil des Gesellschafters am Gewinn (§ 734 BGB). Mithin beläuft sich der gesetzliche Abfindungsanspruch (§ 738 Abs. 1 S. 2 BGB) des A bei Berücksichtigung des auf den wahren Wert (Verkehrswert) gerichteten Gesellschaftsanteils von ca. EUR 2 Mio. einschließlich des seit der Gründung erwirtschafteten jährlichen Gewinns der NewMedia GmbH & Co. KG von ca. EUR 2 Mio. - entsprechend seines 25%igen Kapitalanteils - auf EUR 1.000.000,00.

b) Das vertraglich vereinbarte Abfindungsguthaben des A von EUR 500.000,00, das im Ergebnis die Hälfte des gesetzlichen Abfindungsguthabens von EUR 1.000.000,00 beträgt, führt für sich genommen nicht zur Unzulässigkeit der die Abfindung beschränkenden Vertragsklausel. Allein bei einer rechnerischen Abweichung von 50% zwischen dem vertraglichen und gesetzlichen Abfindungsguthaben kann, sofern nicht besondere Umstände hinzutreten, nicht von einem groben Missverhältnis zwischen dem vertraglichen und dem gesetzlichen Abfindungsguthaben gesprochen werden. Zudem ist die Vorschrift des § 738 Abs. 1 S. 2 BGB dispositiv, so dass die Gesellschafter kraft ihrer privatautonomen Gestaltungsfreiheit durchaus anderweitige vertragliche Abfindungsregelungen vereinbaren können.

c) Mit der Vereinbarung einer vertraglichen Abfindung in § 10 der Klausel wollen die Parteien regelmäßig solche Gefahren ausschließen, die sich aus dem auf den vollen Abfindungswert gerichteten Anspruch des § 738 Abs. 1 S. 2 BGB ergeben, die unter Umständen zu einem erheblichen Liquiditätsabfluss und damit zu einer Existenzbedrohung der Gesellschaft führen kann. Des Weiteren kann zugunsten des vertraglichen Abfindungsguthabens auf deren klare Berechnungs- und Auszahlungsmodalität verwiesen werden. Anhaltspunkte dafür, dass bereits bei Abschluss der Abfindungsklausel eine erhebliche Differenz zwischen dem vertraglichen und dem gesetzlichen Abfindungsguthaben des A bestand, die zu einer die wirtschaftliche Bewegungsfreiheit des A einschränkenden sittenwidrigen Knebelung (§ 138 Abs. 1 BGB) führen, sind indes nicht zu erkennen.

d) Aber auch unter dem Gesichtspunkt der unzulässigen Kündigungsbeschränkung gem. § 723 Abs. 3 BGB, die über §§ 161 Abs. 2, 105 Abs. 3 HGB im vorliegenden Fall Anwendung findet, ist die vertragliche Abfindungsregelung des § 10 nicht zu beanstanden. Zwar greift die vertragliche Abfindungsregelung nicht direkt in das einem Gesellschafter zustehende Kündigungsrecht nach § 723 BGB ein, weil sie lediglich die Berechnung der Abfindung bei Ausscheiden eines Gesellschafters regelt. Jedoch ist § 723 Abs. 3 BGB, der den einzelnen Gesellschafter auch vor solchen Vereinbarungen schützen will, die zu einer faktischen Beeinträchtigung seines Rechts auf ordentliche Kündigung führen, entsprechend anzuwenden, wenn die vertragliche Abfindung des § 10 sich als unzulässige Kündigungsbeschränkung darstellt.

Dagegen spricht bereits, dass § 10 der Klausel allein auf das Ausscheiden eines Gesellschafters abstellt, ohne dass es damit auf den Rechtsgrund des Ausscheidens - z.B. der (Eigen-)Kündigung des Gesellschafters - entscheidend ankommt. Zudem greift § 723 Abs. 3 BGB nicht ein, soweit die Gesellschafter bei Abschluss der vertraglichen Abfindungsregelung zugleich auch Schwankungen in der wirtschaftlichen Entwicklung der NewMedia GmbH & Co. KG billigend in Kauf nehmen, die sich auf die Liquidität der Gesellschaft und den Kapitalanteil (§ 120 Abs. 2 HGB) der Gesellschafter auswirken können.

Dann aber kann die zwingende Vorschrift des § 723 Abs. 3 BGB, die lediglich verhindern will, „persönliche oder wirtschaftliche Bindungen ohne zeitliche Begrenzungen und ohne Kündigungsmöglichkeit einzugehen"[6], nicht dazu herangezogen werden, die wirtschaftlichen Folgen des Eingehens einer vertraglichen Abfindungsklausel dem ausscheidenden Gesellschafter abzunehmen. Selbst wenn aufgrund der anhaltenden Gewinne der NewMedia GmbH & Co. KG von jährlich EUR 2 Mio. A infolge der Wertdifferenz von vertraglichem und gesetzlichem Abfindungsguthaben eine Vermögenseinbuße von EUR 500.000,00 erleidet, kommt es jedenfalls für die Beurteilung der Kündigungsbeschränkung des § 723 Abs. 3 BGB allein auf den Zeitpunkt der Vereinbarung der Abfindungsregelung an.

---

[6] BGH, Urteil vom 13.06.1994 (II ZR 38/93) = BGHZ 126, 226 (230).

Nach allem ist die vertragliche Abfindungsregelung des § 10 als angemessen und damit im Interesse des A als „fair" anzusehen.

Ergebnis: A würde infolge des Ausscheidens als Kommanditist aus der NewMedia GmbH & Co. KG ein gesellschaftsvertraglich vereinbartes Abfindungsguthaben in Höhe von EUR 500.000,00 erhalten. Da das vereinbarte Abfindungsguthaben die Hälfte des gesetzlichen Abfindungsanspruchs beträgt und zur sofortigen Auszahlung fällig ist, ist die Höhe des Abfindungsguthabens des A als „fair" und damit angemessen anzusehen.

Lösung zu Frage 4 b):
Sofern die NewMedia GmbH & Co. KG zunächst Verluste erwirtschaftet hätte, wird der auf A als Kommanditist entfallende Verlust (§ 168 Abs. 2 HGB) von seinem Kapitalkonto, welches das Gesetz als Kapitalanteil (§ 120 Abs. 2 HGB) bezeichnet, in voller Höhe abgeschrieben, so dass gegebenenfalls auch ein negativer Kapitalanteil bei A entstehen kann. Jedoch muss A seinen, ab dem vierten Geschäftsjahr auf ihn entfallenden Gewinnanteil nach § 167 Abs. 3 HGB zunächst dazu verwenden, den gegebenenfalls negativen Kapitalanteil auszugleichen[7].

A als Kommanditist ist daher verpflichtet, die auf ihn entfallenen Gewinne ab dem vierten Geschäftsjahr zur Deckung und zum Ausgleich seines negativen Kapitalkontos zu verwenden. Solange der Kapitalanteil des A nicht mindestens den Betrag in Höhe der vereinbarten Pflichteinlage („bedungene Einlage" i.S.d. §§ 167 Abs. 2 Hs. 2, 169 Abs. 1 S. 2 Hs. 2 HGB) erreicht hat, kann A seinen gesetzlichen Gewinnanteil als Kommanditist gem. § 169 Abs. 1 S. 2 Hs. 1 HGB daher nicht ausbezahlt verlangen.

Das Ausscheiden des A als Kommanditist der NewMedia GmbH & Co. KG - anders als § 739 BGB für den ausgeschiedenen Gesellschafter einer BGB-Gesellschaft -

---

[7] Schlegelberger-Geßler, HGB, 2. Band, 4. Aufl. 1965, § 167 Rn 7, S. 1366; Staub/Schilling, Großkomm. HGB, 2. Band, 4. Aufl. 2004, § 167 Rdn. 8; Baumbach/Hopt, HGB, 33. Aufl. 2008, § 167 Rn 5; Koller/Roth/Morck, HGB, 6. Aufl. 2007, § 167 Rn 4.

jedoch führt aufgrund der Beschränkung der Verlustbeteiligung gem. § 167 Abs. 3 i.V.m. § 169 Abs. 2 HGB nicht zu einer Nachschusspflicht dahingehend, seinen infolge von Verlusten entstandenen negativen Kapitalanteil wieder aufzufüllen.

§ 167 Abs. 3 HGB ist Ausdruck einer Risikobeschränkung[8] der auf die bedungene Einlage begrenzten Haftung des Kommanditisten im Innenverhältnis. Danach schuldet ein Kommanditist bei seinem Ausscheiden aus der Gesellschaft über die Erbringung seiner Einlage hinaus weder einen Ausgleich seines gegebenenfalls negativen Kapitalanteils noch trifft ihn eine entsprechende Ausgleichs- bzw. Nachschusspflicht gegenüber den Mitgesellschaftern[9]. A ist bei seinem Ausscheiden aus der NewMedia GmbH & Co. KG daher nicht verpflichtet, ein etwaiges negatives Kapitalkonto aufzufüllen.

Ergebnis: A kann bei seinem Ausscheiden aus der Gesellschaft das vertragliche Abfindungsguthaben in Höhe von EUR 500.000,00 von der NewMedia GmbH & Co. KG beanspruchen, ohne dass er den Mitgesellschaftern gegenüber zum Ausgleich seines entstandenen negativen Kapitalanteils verpflichtet ist.

Lösung zu Frage 5:
Gesellschaftsvertraglich können insbesondere Fortsetzungsklauseln, einfache bzw. qualifizierte Nachfolgeklauseln sowie Eintritts- und Abfindungsausschlussklauseln die Nachfolge einer Personengesellschaft beim Tod eines Gesellschafters regeln. Hierzu im Einzelnen:

1. Fortsetzungsklauseln regeln die Fortsetzung der Personengesellschaft zwischen den verbleibenden Gesellschaftern unter Ausschluss der Erben. Da nach § 727 Abs. 1 BGB die BGB-Gesellschaft durch den Tod eines der Gesellschafter aufgelöst wird, hingegen der Tod eines OHG-Gesellschafters (§ 131 Abs. 3 Nr. 1 HGB) bzw. Kommanditisten

---

[8] Staub/Schilling, Großkomm. HGB, 2. Band, 4. Aufl. 2004, § 167 Rdn. 8.
[9] MünchKommHGB/Grunewald, Band 3, 2. Aufl. 2007, § 167 RdNr. 15.; Baumbach/Hopt, HGB, 33. Aufl. 2008, § 167 Rn 5; Koller/Roth/Morck, HGB, 6. Aufl. 2007, § 167 Rn 4.

einer KG (§ 161 Abs. 2 HGB) zum Ausscheiden des betreffenden Gesellschafters unter Fortsetzung der Personenhandelsgesellschaft zwischen den verbleibenden Gesellschaftern führt, ist die Notwendigkeit einer gesellschaftsvertraglichen Fortsetzungsklausel auf die BGB-Gesellschaft beschränkt.

2. Da nach § 177 HGB der Tod des Kommanditisten zur Fortsetzung der Gesellschaft mit dessen Erben führt, können über eine einfache Nachfolgeklausel im Gesellschaftsvertrag die Rechtsfolgen beim Tod eines OHG-Gesellschafters bzw. Komplementärs an die eines Kommanditisten (§ 177 HGB) angeglichen werden. Ohne eine solche Nachfolgeklausel führt der Tod eines OHG-Gesellschafters bzw. persönlich haftenden Gesellschafters (Komplementärs, vgl. § 161 Abs. 2 HGB) kraft Gesetzes zu dessen Ausscheiden (§ 131 Abs. 3 Nr. 1 HGB), also zur Fortsetzung der Gesellschaft unter Ausschluss der Erben. Tritt der Erbe eines OHG-Gesellschafters bzw. Komplementärs in die Gesellschaft aufgrund einer gesellschaftsvertraglichen einfachen Nachfolgeklausel ein, wird die Gesellschaft mit dem Erben fortgesetzt, sofern ihm die Rechtsstellung eines Kommanditisten gem. § 139 Abs. 1 HGB durch die verbleibenden Gesellschafter eingeräumt wird. Andernfalls kann der Erbe ohne Einhaltung einer Kündigungsfrist sein Ausscheiden aus der Gesellschaft erklären, § 139 Abs. 2 HGB.

3. Bei qualifizierten Nachfolgeklauseln können nur bestimmte, d.h. im Gesellschaftsvertrag qualifizierte Erben die Gesellschaft mit den verbleibenden Gesellschaftern fortsetzen.

4. Bei Eintrittsklauseln im Gesellschaftsvertrag wird dem Außenstehenden, der nicht notwendig Erbe sein muss, ein Eintrittsrecht in die Gesellschaft eingeräumt. Wird dem einzelnen Erben hingegen ein Eintrittsrecht eingeräumt, hat er ein Wahlrecht zwischen dem Abfindungsanspruch und dem Eintritt in die Gesellschaft. Im Ergebnis führen solche Eintrittsklauseln zu einer Anwachsung des Gesellschaftsanteils des verstorbenen Gesellschafters bei den verbleibenden Gesellschaftern.

5. Bei Fortsetzung der Gesellschaft unter Ausschluss des Erben - sei es aufgrund einer gesellschaftsvertraglichen Fortsetzungsklausel oder kraft Gesetzes nach § 131 Abs. 3 Nr. 1 HGB - kann der gesetzliche Abfindungsanspruch des Erben gegen die Gesellschaft gem. § 738 Abs.1 S. 2 BGB aufgrund einer <u>Abfindungsausschlussklausel</u> im Gesellschaftsvertrag gegenüber dem Erben wirksam ausgeschlossen werden.

Lösung zu Frage 6:

1. Eine Beschlussfassung der Gesellschafter A, B und C über die beabsichtigte Kapitalerhöhung der GmbH & Co. KG bedarf der Zustimmung des D, wenn der Gesellschaftsbeschluss in den Kernbereich des betroffenen Gesellschafters D eingreift und ein solcher Eingriff nicht ausnahmsweise durch die gesellschaftsvertragliche Mehrheitsklausel gedeckt ist. Mit dem vorgesehenen Beschluss über eine Kapitalerhöhung der GmbH & Co. KG, der nach dem Gesellschaftsvertrag der GmbH & Co. KG einer Mehrheit von 75% der abgegebenen Stimmen bedarf, soll den Gesellschaftern A bis D auferlegt werden, zusätzliche Leistungen durch Erhöhung ihrer Beiträge im Wege einer Kapitalerhöhung zu erbringen.

Ein solcher Beschluss, der den Gesellschaftern durch Mehrheitsbeschluss zusätzliche Leistungen über eine Kapitalerhöhung auferlegt, stellt bereits für sich genommen einen Eingriff in den Kernbereich der mitgliedschaftlichen Position des D dar. Zum Kernbereich der Mitgliedschaft eines Gesellschafters jedenfalls gehört die Einführung von nachträglichen Belastungen, wie etwa in Gestalt einer Erhöhung von Beitragsleistungen[10]. Im vorliegenden Fall führt der beabsichtigte Beschluss über die Kapitalerhöhung zu einer nachträglichen Mehrbelastung der Gesellschafter A bis D dergestalt, dass diese aufgrund des Kapitalerhöhungsbeschlusses zu einer Erhöhung ihrer Einlage als Kommanditisten verpflichtet wären.

---

[10] Baumbach/Hopt, HGB, 33. Aufl. 2008, § 119 Rn 36; Koller/Roth/Morck, HGB, 6. Aufl. 2007, § 105 Rn 5.

2. Eine solche nachträgliche Mehrbelastung durch einen Kapitalerhöhungsbeschluss der Gesellschafter A bis D würde im Ergebnis auf eine unbeschränkte Nachschusspflicht hinauslaufen und könnte damit gegen das Mehrbelastungsverbot des § 707 BGB verstoßen.

Nach § 707 BGB sind Gesellschafter einer Personengesellschaft nicht zur Erhöhung der vereinbarten Beiträge verpflichtet. Insoweit bezweckt § 707 BGB für die Gesellschafter einer Personengesellschaft ein allgemeines Verbot der Nachschusspflicht und will seinem Zweck nach die Gesellschafter gerade vor unübersehbaren Risiken schützen, die sich gerade aus einer unfreiwilligen Erhöhung der vereinbarten Beiträge ergeben (Grundsatz der Mehrbelastung[11]).

§ 707 BGB berührt seinem Inhalt und Zweck nach die Grundlagen der Gesellschaft und der Gesellschafter untereinander im Innenverhältnis und ist damit Ausdruck einer allgemeinen gesellschaftsrechtlichen Grundregel, die nicht allein auf die Personengesellschaft beschränkt ist[12]. Aus § 707 BGB folgt zumindest auch ein Individualschutz des betroffenen Gesellschafters vor unübersehbaren Belastungen aufgrund unfreiwilliger Erhöhung der vereinbarten Beiträge, so dass aus § 707 BGB ein unverzichtbares Zustimmungsrecht des betroffenen Gesellschafters abgeleitet wird[13]. Danach kann der beabsichtigte Beschluss über die Kapitalerhöhung der GmbH & Co. KG wegen § 707 BGB nur durch Zustimmung sämtlicher Gesellschafter, darunter auch die des betroffenen Gesellschafters D, wirksam zustande kommen.

3. Etwas Anderes gilt, wenn die Zustimmung des D aufgrund der Mehrheitsklausel, wonach Änderungen des Gesellschaftsvertrages mit einer Mehrheit von 75% der abgegebenen Stimmen möglich sind, vorweg antizipiert wurde. Die nachträgliche Kapitalerhöhung als Erhöhung der vereinbarten Beiträge der Gesellschafter im Wege eines Mehrheitsbeschlusses stellt indes keine Umgehung des aus § 707 BGB

---

[11]Staudinger/Habermeier, BGB (2003), § 705 Rn 1.

[12] Staudinger/Habermeier, BGB (2003), § 705 Rn 1 unter Hinweis auf K. Schmidt Gesellschaftsrecht, 4. Aufl. 2002, § 16 III 3 b) cc); Soergel/Hadding, BGB, Band 5/1 (2007), § 705 Rz 1.

[13] MünchKommBGB/Ulmer/Schäfer, Band 5, 5. Aufl. 2009, § 707 RdNr 1 m.w.N.

abgeleiteten, unverzichtbaren Zustimmungsrechts[14] des betroffenen Gesellschafters dar. § 707 BGB besagt lediglich, dass ein Gesellschafter zur Erhöhung des vereinbarten Beitrages nicht verpflichtet ist.

Darüber hinaus trifft § 707 BGB keine Aussage darüber, ob eine Beitragserhöhung der Gesellschafter im Wege der Erhöhung ihrer Einlagen durch eine Kapitalerhöhung qua Mehrheitsklausel zulässig ist. Letzteres beurteilt sich, soweit es sich nicht um die individuelle Verpflichtung des einzelnen Gesellschafters zur Übernahme eines erhöhten Beitrages, sondern allein um die in Rede stehende Beschlussfassung der Gesellschafter über die allgemeine Durchführung einer Kapitalmaßnahme aufgrund einer gesellschaftsvertraglichen Mehrheitsklausel handelt, nicht nach § 707 BGB, sondern nach allgemeinen Regeln, die auf die Auslegung von Mehrheitsklauseln (§§ 133, 157 BGB) Anwendung finden. Gleichwohl sind die gesellschaftsrechtlichen Grundregeln des § 707 BGB bei der Auslegung von Mehrheitsklauseln entsprechend zu berücksichtigen.

a) Die gesellschaftsvertragliche Mehrheitsklausel der GmbH & Co. KG kann nicht dahingehend ausgelegt (§§ 133, 157 BGB) werden, dass D aufgrund dieser Mehrheitsklausel seine Zustimmung zur allgemeinen Durchführung der Kapitalerhöhung der GmbH & Co. KG vorweg („antizipiert") erklärt hat. Zum einen handelt es sich im vorliegenden Fall um eine ganz allgemeine, auf die Änderung des Gesellschaftsvertrages gerichtete Mehrheitsklausel. Sie besagt inhaltlich nichts darüber, ob und in welcher Höhe eine Erhöhung der im Gesellschaftsvertrag vereinbarten Einlagen der Gesellschafter der GmbH & Co. KG vorgesehen ist. Zum anderen kann aus dieser allgemeinen, nicht näher spezifizierten Mehrheitsklausel gerade nicht ein Wille des D dahingehend entnommen werden, dass er mit Abschluss des Gesellschaftsvertrages sich zugleich vorweg mit einer Erhöhung seiner Einlage einverstanden erklärt hat.

---

[14] MünchKommBGB/Ulmer/Schäfer, Band 5, 5. Aufl. 2009, § 707 RdNr 7.

b) Wollte man bei D vorweg von einer antizipierten Zustimmung auch und gerade im Fall einer Kapitalerhöhung der GmbH & Co. KG aufgrund einer allgemein formulierten Mehrheitsklausel ausgehen, würde die Beschlussfassung der Gesellschafter über die Kapitalerhöhung, zumal nach dem Sachverhalt eine Obergrenze für die Kapitalerhöhung weder bestimmt wurde noch bestimmbar ist, im Ergebnis zu einer unübersehbaren Nachschusspflicht des D führen, zu der D weder aufgrund des Mehrbelastungsverbotes (§ 707 BGB) noch in seiner Eigenschaft als Kommanditist, dessen Haftung auf die Höhe seiner Einlage (§ 171 Abs. 1 Hs. 1 HGB) begrenzt ist, verpflichtet wäre.

4. Soweit die Gesellschafter A, B und C, die mehrheitlich mit jeweils 30% an der GmbH & Co. KG beteiligt sind, über eine Kapitalerhöhung der Gesellschaft beschließen, kann nicht von einer antizipierten Zustimmung des D zu der beabsichtigten Maßnahme aufgrund der gesellschaftsvertraglichen Mehrheitsklausel ausgegangen werden. Die Mehrheitsklausel lässt weder nach Art, Umfang und der Höhe nach die Voraussetzungen für eine Erhöhung der Beitragspflicht erkennen noch lässt sich aus der nur allgemein formulierten Mehrheitsklausel ein Wille der Gesellschafter A bis D dahingehend entnehmen, sie hätten bei Abschluss der Mehrheitsklausel vorweg einer Erhöhung ihrer Beitragspflichten im Wege der Kapitalerhöhung bei der GmbH & Co. KG zugestimmt.

Ergebnis: Eine Zustimmung des D für die Kapitalerhöhung bei der GmbH & Co. KG ist daher notwendig.